ÉTUDE DE FAITS DE GUERRE

LE

SERVICE DE SANTÉ MILITAIRE

EN 1870

HIER, AUJOURD'HUI, DEMAIN

Par E. GAVOY

Médecin principal de 1re classe

« Ne pas profiter des enseignements des guerres passées serait un crime de lèse-humanité. »

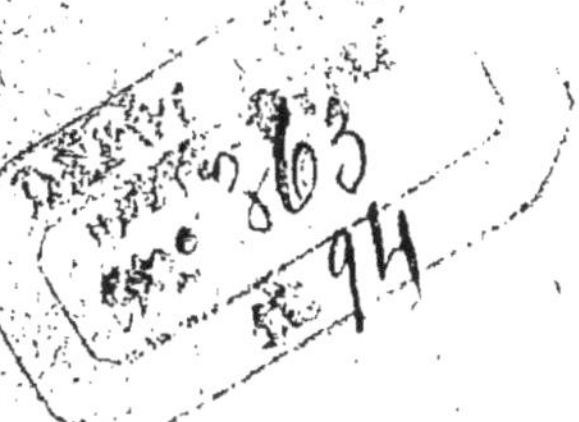

PARIS		LIMOGES
11, Place Saint-André-des-Arts.		46, Nouvelle Route d'Aixe, 46.

Henri CHARLES-LAVAUZELLE

Éditeur militaire

1894

LE SERVICE DE SANTÉ MILITAIRE

EN 1870

Hier, Aujourd'hui, Demain

ÉTUDE DE FAITS DE GUERRE

LE
SERVICE DE SANTÉ MILITAIRE
EN 1870
HIER, AUJOURD'HUI, DEMAIN

Par E. GAVOY

Médecin principal de 1re classe

> « Ne pas profiter des enseignements des guerres passées serait un crime de lèse-humanité. »

PARIS
11, Place Saint-André-des-Arts.

LIMOGES
46, Nouvelle Route d'Aixe, 46.

Henri CHARLES-LAVAUZELLE
Éditeur militaire

1894

PROLOGUE

L'organisation et le fonctionnement du service de santé en campagne intéresse au plus haut degré les officiers de l'armée; tous ceux qui, au moment de la mobilisation, sont appelés sous les drapeaux ou comptent des fils, des frères dans les rangs, et enfin ceux qui ont à cœur la défense et la prospérité de la France.

En temps de paix, les malades militaires pourraient, à la rigueur, être soignés dans des hôpitaux civils; mais, en temps de guerre, les médecins civils ne pourraient diriger le service de santé militaire. Il faut être préparé de longue main à une infinité de questions qui se rattachent à l'art militaire, être en rapport permanent depuis longtemps avec le soldat dans les diverses situations qu'il peut occuper, pour connaître les exigences nombreuses du service de santé aux armées et pouvoir résoudre avec opportunité les divers problèmes qui se présentent à l'improviste; il faut aussi un personnel militaire discipliné, habitué aux exercices, dressé aux manœuvres propres au service de santé en campagne; il faut un matériel qui satisfasse aux exigences du service technique sur les champs de bataille.

Il importe donc, en vue de l'éventualité d'une guerre, de préparer pendant la paix un personnel et un matériel du service de santé; de lui donner une organisation et un fonctionnement solides, en harmonie avec la tactique de combat des troupes des trois armes.

Pendant les périodes de marches et de stationnement, les soins à donner aux malades diffèrent peu de l'exécution du service en temps de paix ; mais il est indispensable de prévoir les conditions toutes particulières et les difficultés du fonctionnement du service de santé sur le champ de bataille, soit que le sort des armes favorise nos troupes, soit que le revers paralyse nos efforts.

L'objectif du service de santé sur le champ de bataille est de donner aux blessés, sur le lieu même de la lutte, les secours urgents ; d'enlever et de mettre les blessés immédiatement en état d'être transportés à des hôpitaux établis vers l'arrière ; de traiter sur place ceux qui ne peuvent supporter un court trajet ; de diriger vers la mère patrie ceux qui peuvent effectuer le voyage sans danger.

L'économie générale d'un tel système exige un service de relèvement des blessés solidement organisé, secondé par un service de transport rapide et d'une grande mobilité, appuyé, dans le voisinage de la lutte, de lieux de pansement, à l'abri des atteintes de l'ennemi et en contact permanent avec un service méthodique d'évacuation et de dispersion des blessés vers la base d'opérations.

Malgré l'initiative des Percy, des J. Larrey ; plus tard des Michel Levy, des Baudens, des Fauvel, des Scrive, et plus récemment des H. Larrey, des Legouest, le corps de santé a longtemps conservé une organisation des plus précaires, tandis que de constants progrès étaient réalisés à l'étranger ; aussi a-t-il fait banqueroute à chaque guerre. En 1870, son manque d'organisation s'est élevé à la hauteur d'un immense désastre sanitaire, que seuls peuvent concevoir ceux qui en ont été témoins et les malheureuses victimes échappées miraculeusement à ces scènes lugubres.

Le but de ce travail est de rechercher, par *l'étude de faits de guerre*, la meilleure organisation du service de santé un jour de bataille. On peut, à la rigueur, entrevoir une organisation au moyen du raisonnement basé sur les formations de combat des troupes, sur les effets des armes, sur les conditions essentielles qu'exigent l'enlèvement des blessés dans les lignes de feu et leur transport à l'arrière.

Bien que la première méthode conduise à elle seule à des résultats pratiques certains, nous emploierons successivement les deux méthodes : l'étude de faits de guerre et le raisonnement basé sur les formations de combat des troupes.

L'histoire militaire nous fournira les renseignements tels que les donne l'histoire de la dernière guerre. — Frédéric le Grand recommandait instamment l'étude de l'histoire de la guerre.

« Etudier l'histoire de la guerre, dit le général baron de Kanitz, est ce qu'il y a de mieux pour s'instruire dans l'art de la guerre. » — On y trouve, en effet, la solution des réflexions que l'expérience personnelle, ou celle des autres, a suggérée.

Les récits historiques des grandes batailles de 1859 à 1870-71 apprennent à connaître, en outre de divers épisodes émouvants, si instructifs, un grand nombre de situations. Quoique les faits de guerre ne soient pas absolument semblables, les grands principes restent les mêmes ; ils engendrent les mêmes épisodes. On acquiert dans cette étude la connaissance de situations multiples ; de telle sorte que, lorsqu'on s'est rendu compte des décisions prises en vue d'un objectif, le terrain d'un champ de bataille n'est pas tout à fait étranger, inconnu, pour les mettre en pratique ou pour prendre des décisions tendant au même but.

Nous trouverons, par conséquent, dans l'étude et l'examen rétrospectif de la dernière guerre, des enseignements qui permettront de relever les points défectueux de l'organisation ; de définir les qualités qu'elle doit posséder ; de mieux saisir quel doit en être le fonctionnement pendant le combat, comment il peut devenir susceptible de répondre aux exigences et aux éventualités imprévues qui pourront surgir dans la prochaine guerre, surtout pendant un revers. Il n'est pas d'argument plus éloquent que l'évocation du souvenir de ces tristes pages de l'histoire militaire, présentes encore dans bien des mémoires, pour montrer à l'armée, au commandement, au pays, le véritable rôle et l'importance du service de santé pendant la guerre; pour rappeler aux médecins militaires combien est grande et difficile leur mission, quelle somme elle exige de zèle, de dévouement, d'abnégation et de connaissances sur *l'art militaire*.

ÉTUDE DE FAITS DE GUERRE

LE SERVICE DE SANTÉ MILITAIRE EN 1870

Hier, Aujourd'hui, Demain

CHAPITRE UNIQUE

ÉTUDE DE FAITS DE GUERRE

ARTICLE 1ᵉʳ

SERVICE DE SANTÉ EN 1870

§ 1. — *Organisation d'ensemble.*

En 1870, les médecins militaires étaient divisés en deux catégories : les médecins *des corps de troupe,* qui étaient sous les ordres du commandement, et les médecins du service *hospitalier,* qui dépendaient exclusivement des sous-intendants militaires, chefs des hôpitaux et ambulances. Le service de santé du corps d'armée se composait, par conséquent, de deux services bien distincts l'un de l'autre, sans aucun lien entre eux pendant l'action et fonctionnant indépendamment l'un de l'autre.

Le *service des corps de troupe* était chargé de donner sur le terrain, autant que possible, les premiers secours aux blessés. A cet effet, les médecins des régiments, au nombre de trois comme aujourd'hui (décret organique du 23 avril 1859), possédaient : leur trousse, un sac d'ambulance (note ministérielle du 22 décembre 1839) et une paire de cantines médicales par bataillon (arrêté ministériel du 23 mars 1858) portée par un mulet de bât. Ils avaient comme personnèl: l'homme porte-sac, le caporal de l'infirmerie et le conducteur du mulet de bât porteur des cantines. (Instruction du 21 mars 1859 et décret du 7 novembre 1860.)

Croquis figuratif du service de santé en 1870.

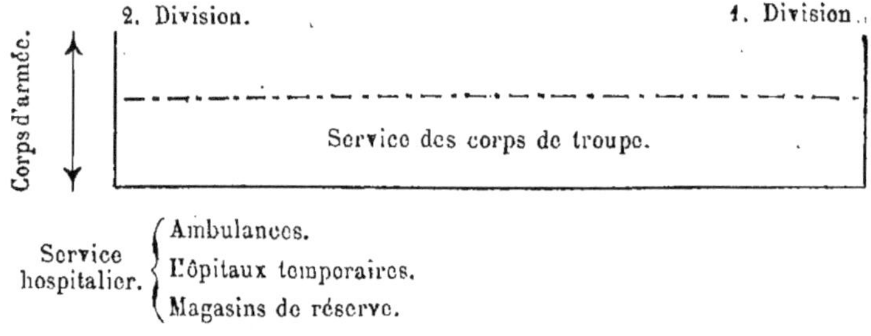

Vers l'arrière du corps d'armée suivait le *service hospitalier;* il avait pour mission, en vertu des prescriptions du règlement sur le service de santé du 4 avril 1867 (2ᵉ partie, service des hôpitaux en campagne), resté provisoire jusqu'en 1883, d'organiser, au moment de la mobilisation des troupes, des établissements hospitaliers comprenant:

1° Les ambulances ;

2° Les hôpitaux temporaires ;

3° Les magasins de réserve des médicaments, du matériel.

Les ambulances avaient pour but d'assurer aux blessés et aux malades les premiers soins; de permettre les opérations urgentes de chirurgie (art. 3) et les grandes opérations (notice 2, p. 621) ; elles devaient être toujours prêtes à suivre le mouvement des armées. Les quartiers généraux de corps d'armée, les divisions d'infanterie et les divisions de cavalerie avaient chacun leur ambulance. Leur emplacement pendant le combat était choisi, à portée des troupes engagées, dans une grange ou dans les bâtiments abrités, autant que possible, par un pli de terrain ou par un rideau de bois qui mettaient les ambulances hors d'atteinte des projectiles. Il fallait également tenir compte, dans le choix de l'emplacement, des moyens de transport dont on disposait pour apporter les blessés. (Notice 2 du règlement 2.)

A défaut de bâtiment, l'ambulance était installée sous la tente, ou même organisée comme un bivouac.

L'ambulance pouvait se fractionner en sections; chaque section détachée de l'ambulance centrale prenait le nom *d'ambulance volante*. (Art. 3). Ces sections étaient détachées de l'ambulance centrale au moment de l'action et envoyées sur le lieu du combat, lorsque les médecins des corps de troupe ne pouvaient plus suffire aux pansements des blessés (art. 98); ce fonctionnement des ambulances, créé par J. Larrey en 1797, était tombé en complète désuétude; il a été rappelé en 1870 à l'armée de la Loire par Legouest, médecin inspecteur, et a rendu de grands services.

L'intendant de l'armée affectait à chaque ambulance le nombre de caissons, litières, cacolets, voitures, chevaux, mulets de trait ou de bât et de conducteurs nécessaires pour le transport des malades et du matériel. (Art. 62.) Le service de l'ambulance recevait également le concours du train des équipages militaires, des transports auxiliaires et de réquisition des habitants du pays, etc. (Art. 103.)

Pendant et après le combat, le relèvement des blessés sur le champ de bataille et leur transport à l'ambulance étaient faits par le train des équipages militaires, chargé spécialement de ce soin par l'article 110 du règlement et l'article 1er du décret du 29 février 1852. Il était aidé dans l'exécution de ce service par les musiciens de la division (art. 112), par les infirmiers de l'ambulance lorsque l'effectif le permettait (art. 108) et par les transports requis sur place.

On pansait à l'ambulance les blessés qui y étaient transportés ; puis ils étaient dirigés sur leur corps ou maintenus, suivant la gravité de leurs blessures. Ils étaient évacués aussitôt que possible (art. 100) sur les hôpitaux temporaires, au moyen des mulets et voitures tirés des réserves des quartiers généraux, et, surtout, des voitures de réquisition. (Notice 2.) Ces moyens de transport, improvisés au moment de l'évacuation, étaient subordonnés aux circonstances, aux ressources du pays occupé, et, par conséquent, fort aléatoires ; aussi ont-ils fait constamment défaut.

Les hôpitaux temporaires étaient organisés en arrière de l'armée, de préférence dans des bâtiments publics, à défaut d'hôpital préexistant (notice 3), qu'on aménageait dans les conditions les plus avantageuses (art. 119). On se conformait à cet égard à la notice 3 du règlement.

Au moment du combat, le sous-intendant militaire, responsable du service de santé pendant l'action (art. 136, ordonnance du 3 mai 1832), prenait les ordres du général commandant au sujet de l'emplacement de l'ambulance ; en cas d'urgence, il déterminait lui-même cet emplacement (art. 104-105) ; il dirigeait l'enlèvement des blessés, s'assurait qu'aucun d'eux ne restait sur le terrain ; ordonnait, en cas de besoin, soit le fractionnement de l'ambulance, soit le détachement de sections volantes ; réunissait les moyens de transport prescrits à l'article 103 pour éviter l'encombrement de l'ambulance, allait sans cesse de l'ambulance au champ de bataille et du champ de bataille à l'ambulance et se multipliait en se portant de sa personne partout où besoin était. (Art. 114, notice 2.)

Si des conventions internationales dûment spécifiées par le commandement réglaient entre la France et le pays occupé ou le pays ennemi la neutralité du personnel hospitalier, ou le sort des blessés, le sous-intendant militaire devait s'y conformer dans l'exécution du service. (Art. 115.)

Le décret impérial promulguant la convention internationale relative aux blessés militaires sur le champ de bataille prescrivait aux infirmiers et au personnel des ambulances le port du brassard (art. 7, § 2) et l'application sur le matériel des signes de la convention.

Telles étaient, en quelques mots, l'organisation et les prescriptions réglementaires relatives au service de santé au moment de la guerre de 1870. Examinons le fonctionnement de ces deux services distincts, chargés cependant conjointement de l'importante mission de secourir les blessés sur le champ de bataille, de les enlever et de les évacuer vers l'arrière.

Nous verrons qu'il y avait loin de ces conceptions théoriques et réglementaires aux résultats fournis par leur application sur le champ de bataille.

ARTICLE II

SERVICE DES CORPS DE TROUPE

Dans chaque division d'infanterie, le service de santé était donc fait sur le champ de bataille exclusivement par les médecins des corps de troupe, sans le concours d'un personnel spécial et avec un matériel des plus restreints. L'insuffisance de ce service s'était déjà fait douloureusement sentir en 1854-1855 et en 1859 ; elle fut lamentable en 1870.

Jetons un coup d'œil rapide sur quelques champs de bataille : Le 4 août à Wissembourg, le 3º bataillon du 74º d'infanterie est posté en avant de la ferme de Schafbusch. Les médecins du 74º (Baïlen) et du 3º hussards (Quillaut) se réunissent et s'établissent dans cette ferme, où l'on transporte un grand nombre de blessés. Parmi eux se trouve le général Abel Douay, atteint, vers 9 heures, près d'une batterie de mitrailleuses ; le capitaine d'état-major Barbat du Clozel et l'officier d'ordonnance de Mareuil, du 78º, blessés près de leur général.

M. Dauvé, médecin chef de l'ambulance divisionnaire,

arrive dans la ferme vers 10 heures, avec Rech, médecin aide-major, quelques infirmiers, mais sans matériel technique.

Le pansement le plus sommaire d'un blessé nécessite une moyenne minimum de dix minutes ; il faudra donc une heure pour panser 6 blessés et dix heures pour 60 blessés, en admettant qu'un médecin puisse résister à la fatigue intolérable occasionnée par l'attitude pénible qu'il est obligé de prendre pour panser un blessé couché sur le sol. Les deux médecins du 74e et du 3e hussards et ceux de l'ambulance multiplient en vain leurs soins ; leurs efforts, en trop grande disproportion avec le nombre des blessés qui croît sans cesse, deviennent des plus insuffisants.

Après la reddition du château de Geisberg (montagne des Chèvres) défendu par les 1ers bataillons du 50e et 74e, les 3es bataillons du 50e et du 74e se rallient, se reforment et mettent rapidement la ferme en état de défense. M. Dauvé accourt, montre au commandant des troupes les blessés couchés sur le sol et fait éloquemment ressortir les graves dangers auxquels ils vont être exposés pendant le combat. Le colonel Theuvez, du 74e, ordonne de reprendre l'offensive. Les troupes refoulent l'ennemi à la baïonnette et suivent en échelons le mouvement rétrograde de la division. Quelques coups de fusil partis de la ferme attirent une vive fusillade de l'ennemi, qui se lance dans une attaque en règle. Le médecin-chef fait transporter les blessés dans les caves, dans les réduits, partout où il peut les préserver des projectiles et de l'incendie. La ferme cependant ne contient que quatre médecins et des hommes blessés ; elle est prise d'assaut par l'ennemi, qui s'empare violemment du personnel et du matériel médical, fait prisonniers les blessés et s'approprie, au mépris de la convention de Genève, des objets appartenant personnellement aux médecins.

Pendant la bataille de Spickeren, le 6 août, des régiments des divisions Vergé et Bataille occupent le front du village de Stiring-Wendel. Les médecins des corps de troupe parcourent isolément les abords et les rues du village, pansant sur le lieu même les blessés qu'ils peuvent atteindre.

Vers midi, cinq médecins militaires (Blondeau, Barberet, Gavoy, Scovasso et Ricou, des 23e, 32e et 3e bataillons de chasseurs) se groupent et installent avec leurs cantines médicales un centre de pansements dans la maison d'école des sœurs de la divine Providence. Quelques balles, quelques éclats d'obus passent par les fenêtres, traversent les salles, percent les cloisons, jettent le désarroi parmi les blessés et affolent une des sœurs qui se dévouaient aux soins des malheureux, implorant de tous côtés des secours. Ces cinq médecins de corps de troupe, occupés depuis l'aube, sont bientôt exténués par la fatigue et la faim, sans avoir pu suffire au nombre considérable des blessés qui croît toujours. Vers 10 heures du soir, la retraite des troupes se fait en silence, aux lueurs sinistres que projette l'incendie des forges, théâtre de sanglantes épopées. Nos soldats se dérobent, à la faveur des ténèbres, aux flots envahissants d'une marée d'ennemis. Les troupes qui n'ont pas été averties ou n'ont pas eu le temps de quitter les maisons, les blessés, les médecins sont faits prisonniers; le matériel de l'ambulance improvisée tombe aux mains de l'ennemi.

Ce même jour, à Frœschwiller, des médecins de corps de troupe restent attachés à leurs régiments, les suivent pas à pas pendant l'action, pansant sur le terrain indistinctement les blessés qu'ils rencontrent : deux sont tués et cinq sont blessés.

D'autres installent dans les maisons d'Elsasshausen des centres de pansement, qui, bientôt envahis par l'ennemi, sont le théâtre de luttes acharnées où l'on s'égorge au milieu des blessés que les combattants foulent aux pieds.

A Borny, le 14 août, des médecins de corps de troupe (Luc, Bargy, etc.) constituent, avec leurs cantines médicales, une ambulance dans divers bâtiments. Au château, les projectiles ennemis frappent les murs et les toitures; les tuiles brisées pleuvent autour des blessés et du personnel.

§ 1. — *Relèvement des blessés dans la ligne de feu.*

Sans multiplier davantage les citations, on voit que les médecins des corps de troupe étaient obligés de faire personnellement et sans aides les pansements; qu'ils ne pouvaient donner leurs soins qu'à un nombre extrêmement restreint de blessés. Le manque d'une instruction tactique pour le combat et d'un personnel spécial pour participer à l'exécution du service amenaient les médecins des corps de troupe, isolés par régiment, à se grouper sur le champ de bataille pour se prêter un mutuel concours; à improviser dans les granges, dans les fermes, dans les villages situés sur le lieu même du combat, des centres de pansements et d'opérations chirurgicales, qui ont été bombardés, incendiés, sont tombés aux mains de l'ennemi; où les blessés sont restés sans nourriture, sans médicaments, sans linge à pansement, sans personnel médical, lorsque les troupes se retiraient.

A cette époque, en effet, les corps de troupe ne possédaient pas un personnel spécial, exclusivement chargé de relever les blessés dans les lignes de combat, de les enlever et de les transporter à un lieu déterminé de pansement, à ces *ambulances improvisées* par les médecins des corps de troupe, si toutefois on peut appeler ainsi l'entassement dans une grange, dans une ferme, d'un nombre considérable de blessés, assistés de médecins dépourvus de tous les éléments de pansement.

Les hommes qui tombaient dans les lignes de feu, s'ils pouvaient marcher, quittaient les rangs, allaient à l'ambulance ou se traînaient vers un abri, attendant dans la souffrance qu'un médecin de corps de troupe les aperçût et vînt les secourir. Lorsqu'ils ne pouvaient marcher, les uns

étaient transportés à l'ambulance divisionnaire par un groupe
de camarades qui, le plus souvent, saisissaient ce prétexte
pour quitter les rangs et s'affublaient chacun d'une partie
de l'équipement du blessé, comme les quatre officiers du
convoi funèbre de Malborough ; les autres, et c'était le plus
grand nombre, restaient couchés sur le sol, à la merci des
événements, exposés à toutes les tortures jusqu'à la fin de la
bataille et même n'étaient relevés que plusieurs jours après
la bataille ! Il n'existait pas de personnel chargé d'enlever
les blessés derrière les lignes ; il n'y avait pas de lien entre
la zone où tombaient les blessés et le point limite du service
de transport émané des ambulances divisionnaires ; les blessés devaient attendre la fin de la bataille.

A Frœschviller, le 6 août, vers 4 heures, le général Raoult,
commandant la 3ᵉ division, contient, au dernier retour offensif de l'ennemi, le mouvement de retraite. Des soldats veu-
lent l'entraîner avec eux. « A l'ennemi ! » s'écrie-t-il ; à sa
voix, des groupes se forment à ses côtés et font face à l'as-
saillant. Tout à coup, le général chancelle, tombe la cuisse
brisée et reste étendu sur le dos au milieu de la route con-
duisant de Wœrth à Frœschviller. Il allait être foulé aux
pieds des chevaux, broyé par l'artillerie arrivant au galop ;
le commandant Duhousset, du 48ᵉ d'infanterie, l'aperçoit, le
saisit sous les bras et le transporte derrière la première maison de Frœschviller : ils sont faits prisonniers. Von der Thann,
en revoyant son ancien compagnon d'Afrique, déplore cette
malheureuse circonstance et donne la liberté au commandant Duhousset. Le lendemain, le commandant emporte
dans un fourgon le général Raoult, traverse Frœschviller ;
mais la gravité de la blessure oblige le commandant à dépo-
ser le général à l'ambulance établie gracieusement par le
comte de Leusse dans son château de plaisance.

Le général Raoult rendait le dernier soupir le 4 septembre, sans avoir eu la consolation de mourir au milieu de ses
soldats !

Le général de Sonis, commandant le 17e corps d'armée, conduisait le 2 décembre les zouaves pontificaux à l'attaque de Loigny ; il tombe pendant la charge à la baïonnette, la cuisse brisée par une balle. Les zouaves allèrent se heurter contre les murs crénelés des maisons. Le colonel de Charette, blessé par une balle à la cuisse, ordonne la retraite... épuisé par sa blessure, il s'assit sur le revers d'un fossé ; la nuit arrivait.

Les blessés restent couchés avec les morts sous la neige qui commence à tomber, les couvrant d'un blanc linceul. Pendant la nuit, le colonel de Charette est relevé ; le général de Sonis reste sur le terrain, en proie à d'horribles souffrances et aux tortures d'un douloureux abandon, la tête appuyée sur la selle de son cheval tué sous lui. Quinze heures après, l'abbé Bastard, aumônier des mobiles de la Mayenne (38e de marche) et M. Babeau, sous-aide major requis au même régiment, retrouvèrent le général de Sonis et le transportèrent sur un brancard, longuement imploré aux autorités prussiennes, au presbytère de Loigny, où se trouvait déjà le colonel de Charette.

L'église de Loigny, le presbytère, tous les bâtiments d'une ferme voisine et quelques autres maisons environnant le presbytère, qui avaient échappé à l'incendie presque général du bourg, étaient remplis de blessés entassés les uns sur les autres ; ces malheureux, au nombre de deux mille (2,000), n'avaient eu d'autres secours pendant la sanglante journée du 2 décembre et celles du 3 et du 4, que l'eau que le vénérable abbé F. Theuré, curé de Loigny, leur apportait, avec un noble dévouement et toute la mesure de ses forces, pour calmer leurs souffrances.

Autour de Loigny, les fermes et les bourgs de Villereau, de Morate, de Fougeu, de Villepion, de Villours, d'Ecuillon regorgeaient de blessés, abandonnés par centaines, sans nourriture, au dévouement de quelques médecins de corps de troupe, dépourvus de tout, sans médicaments, sans objets

de pansements, restés auprès d'eux au moment de la retraite.
(MM. Dujardin-Beaumetz, médecin-major de 2e classe au
37º de marche d'infanterie, Challan de Belval, médecin
aide-major au 7ᶜ bataillon de marche de chasseurs à pied,
Boucher, Babeau sous-aide requis au 38ᵉ de marche, Bar-
rouet, Potel, Lamain, Descarbaut, etc..., des mobiles de
Maine-et-Loire, de la Mayenne, de la Dordogne). Non seu-
ment les autorités allemandes leur refusèrent les secours les
plus urgents pour les blessés, mais encore ils les dépouil-
laient souvent même des dons et des ressources qu'ils avaient
recueillis chez les habitants.

Tous ceux qui ont assisté à ces spectacles navrants n'ou-
blieront jamais ces moments de souffrance, de douleurs, de
privations et de complet dénument.

Dès le début de la bataille, entre 8 et 9 heures du matin,
les ambulances civiles volontaires engagées dans l'armée de
la Loire s'étaient hâtées de l'abandonner, encombrant les
routes de leurs fourgons et équipages. La presque totalité
des blessés passa la nuit sur le champ de bataille, comme
les blessés de la bataille de Coulmiers (1), exposés à une
température glaciale.

Plusieurs jours après Spickeren, Frœschviller, Rezonville,
etc., des habitants apportaient dans les ambulances improvisées des blessés trouvés encore vivants dans les sillons et
dans les bois. Epuisés par la perte de sang, la privation de
toute nourriture et de toute boisson, ces organismes si profondément détériorés surmontaient rarement plus longtemps
de si grandes souffrances.

Ainsi, non seulement les soldats blessés étaient abandonnés sur le champ de bataille, mais même les généraux, par
le manque d'un personnel spécial de relèvement des blessés
approprié aux circonstances. Combien de nobles victimes
n'auraient pas succombé si l'on avait pu les relever et les

---

(1) Général Chanzy.

panser à temps !...... Combien n'auraient pas subi encore vivants et parfois peu grièvement blessés cet atroce et épouvantable supplice du broiement, de l'écrasement par les pieds des chevaux, les roues des caissons et des canons...! ces chairs en sanglants lambeaux, ces têtes aplaties, ces poitrines écrasées, ces membres déchirés, ces entrailles épanchées et traînantes, sont le spectacle le plus horrible que l'imagination puisse concevoir, qui glace et saisit le plus douloureusement le regard après la bataille.

En 1870, l'ennemi avait un système d'enlèvement de ses propres blessés admirable de rapidité, mais le plus souvent peu empressé pour les blessés qui n'étaient pas les siens; il les confiait *obligeamment* aux soins des habitants, qui étaient *invités* à les relever, les transporter, les nourrir et les faire panser par des médecins français, après avoir préalablement fourni aux autorités allemandes tout ce qu'elles possédaient en voitures, charrettes, chariots, conducteurs, vin, café, denrées alimentaires et même les médecins, — disant cyniquement : *Les nôtres avant tout !*

C'est que l'ennemi avait compris depuis longtemps déjà que l'organisation du service de santé doit s'adapter à toutes les éventualités imprévues du champ de bataille ; que c'est plus particulièrement dans les circonstances critiques de la lutte que le concours du service de santé est le plus utile pour soustraire les blessés aux dangers qui les entourent pendant et après le combat, pour les conserver à l'armée et au pays.

Bien de nos officiers blessés refusaient de se laisser transporter à l'ambulance : « *Laissez-moi,* disaient-ils à leurs soldats ; *allez à l'ennemi, si vous êtes vainqueurs, vous aurez le temps de me relever.* » — Ces nobles paroles d'abnégation et de dévouement étaient inspirées par l'idée du devoir : Vaincre avant tout !... mais une grande nation telle que la France ne doit pas laisser ceux qui tombent pour sa défense exposés à recevoir de nouvelles blessures, à être foulés aux pieds des chevaux, broyés par les roues des canons et, après la bataille, à mourir de froid, d'inanition ou sous les coups d'un ennemi affolé par la lutte.

Il serait facile d'apporter à l'appui des faits malheureusement trop nombreux. Il est utile cependant de rappeler qu'à Wissembourg des blessés, soldats et officiers, ont été massacrés dans la gare ; que les tirailleurs algériens blessés, recueillis par les habitants, ont été hachés en morceaux (1) ; qu'à Reischoffen, des blessés ont été impitoyablement massacrés sur les brancards par les hussards ; que le commandant de Troussures, des zouaves pontificaux, a été achevé à coups de crosse sur le champ de bataille de Loigny, non loin du général de Sonis (2), et que le colonel de Franchessin, du 96ᵉ, fut frappé sur un lit de ferme où son ordonnance l'avait transporté, après l'avoir enlevé de l'ambulance d'Elsasshausen pendant l'assaut de l'ennemi. Les uhlans égorgèrent le colonel atteint de trois blessures, comme les hussards de Brunswick égorgèrent, le soir de Waterloo, le général Duhesme, couvert de blessures et sans défense, dans une maison de Genape. — Citer ces faits, c'est les flétrir !... Ce n'était plus, hélas ! le temps où deux armées après la bataille, comme à Traktir (16 août 1855) et aux tranchées de Sébastopol : vainqueurs et vaincus, animés du même esprit chevaleresque, tenaient à honneur de ne montrer aucune haine les uns envers les autres, fraternisaient, la coupe à la main, pendant qu'on relevait les blessés et qu'on enterrait les morts.

---

(1) A. Véling.
(2) J. de La Faye.

ARTICLE III

SERVICE HOSPITALIER

---

§ 1^{or}. — *Transport des blessés des corps de troupe à l'ambulance.*

Le train des équipages militaires était spécialement chargé de relever les blessés, pendant et après le combat, et de les transporter à l'ambulance. Il comprenait, par ambulance, trente mulets de bât, portant dix litières et vingt cacolets. Ce moyen de transport fixe pouvait recevoir le concours des musiciens de la division, des infirmiers, lorsque l'effectif le permettait, et celui des services auxiliaires.

Pendant la bataille, le détachement du train des équipages militaires conduisait les mulets de bât aux abords du lieu de combat.

L'effroi causé aux mulets de bât par le bruit des détonations, et l'impossibilité de les abriter, pendant leur marche, de l'atteinte des projectiles, empêchait les conducteurs de les faire pénétrer sur le terrain même de la lutte ; le détachement du train chargeait donc les blessés qu'il rencontrait au voisinage des combattants, ceux qui avaient pu se traîner ou marcher jusque-là, et atteignait les centres de pansement, sortes d'ambulances improvisées par les médecins des corps de troupe, lorsqu'il en connaissait l'emplacement et s'il pouvait les aborder.

Malgré le zèle et le dévouement dont ont fait preuve pendant l'action les détachements du train des équipages militaires, les résultats obtenus par ce mode de transport ont été plus qu'insuffisants. Cette insuffisance était la conséquence de l'impossibilité d'atteindre avec les mulets la zone de chute des blessés et du nombre excessivement faible de mulets de bât proportionnellement au nombre considérable des blessés à enlever dans un temps très court ; enfin du manque de la connaissance exacte de l'emplacement de ces ambulances improvisées par les services de corps de troupe.

Les musiciens n'ont pas été inactifs ; il est juste de reconnaître qu'en maintes circonstances ils ont apporté spontanément, avec le dégagé et la désinvolture qui les caractérise, leur aide aux blessés et quelques-uns l'ont fait avec beaucoup de dévouement.

A Spickeren, le 6 août, les blessés, pâles, sanglants, portés par des camarades, arrivent dans l'église, convertie pendant la bataille en ambulance par le curé, les sœurs de charité et les femmes du village. Ils restent exposés jusqu'au soir au feu de l'artillerie ennemie qui fait parmi eux de nouvelles victimes. Pendant la bataille de Wissembourg, quelques blessés sont arrivés vers le soir à Climbach et à Lambach ; mais la plupart sont restés sur le champ de bataille, notamment ceux du château de Geisberg (1er bataillon du 50e et du 74e) et ceux de la ferme de Schafbusch (3e bataillon du 50e et du 74e). Le manque d'un cacolet ou d'une voiture ne permit pas d'évacuer le général Abel Douay.

Le général expira dans la ferme de Schafbusch. Son corps fut transporté le lendemain à Wissembourg, chez M. Hepp, sous-préfet. L'enterrement eut lieu dans le cimetière de la ville ; la garnison bavaroise rendit les honneurs.

Dans la ferme de Schafbusch, le kronprinz Frédéric, commandant la IIIe armée allemande, entouré de son état-major, se fit découvrir le visage du général Abel Douay, et, nu-tête, le désigna à son entourage en disant avec émotion : « *Das war wœkerer Held !* » (c'était un vaillant héros) (1).

Autour de Rezonville, 5,472 blessés sont abandonnés dans les villages, les granges, les fermes, converties en ambu-

---

(1) Comte d'Hérisson.

lances et en salles d'opérations. Doncourt-en-Jarnisy con- tient plus de 400 blessés, transportés pendant la journée du 16, et quatre médecins de régiment (Boëll, Chauvin, H. Co- lin, Malabart), sans autre ressource que leurs trousses ; ils tombent, le lendemain, aux mains de l'ennemi par suite du mouvement rétrograde des troupes et du manque de moyens de transport. Les corps de deux généraux, le général Legrand commandant la division de cavalerie, et le général Brayer, commandant la brigade de la division de Cissey, sont égale- ment abandonnés dans deux cercueils de bois grossier, pla- cés sur le pavé du sanctuaire de l'église, côte à côte, portant cette simple inscription au crayon : sur l'un, *général Legrand,* sur l'autre, *général Brayer* (1).

Le 9 janvier, Villersexel, le beau château et le parc de M. de Grammont sont fortement occupés par les troupes de l'armée de l'Est ; le général Werder attaque à 9 heures du matin, s'empare du château et d'une partie du village ; à 11 heures, les troupes de l'amiral Penhoat reprennent Viller- sexel et le château ; nouvelle attaque offensive de l'ennemi. La lutte se prolonge ainsi jusqu'à la nuit, avec des alterna- tives de succès et de revers, et se continue au clair de la lune, sur un épais tapis de neige. A 10 heures, l'incendie éclate dans le château et ses dépendances, ensevelissant les nombreux blessés entassés pendant la sanglante lutte d'une journée entière, dans tous les coins, par le manque de moyens de transport.

L'auteur de *La Guerre en province* (Ch. de Freycinet), rap- porte cet épisode de la bataille de Beaugency :

---

(1) Le général Legrand tombe, une jambe prise sous son cheval, en chargeant à la tête du 3e dragons sur le plateau d'Iron ; il est entouré par les dragons oldenbourgeois qui le lardent et le foulent aux pieds de leurs chevaux. Le général Brayer est frappé mortellement en com- mandant la charge au ravin de Gréyère ; il fait apporter le drapeau du 1er d'infanterie et meurt le regard fixé sur ce symbole de la patrie.

« Vers 1 heure, les batteries d'artillerie ennemie sur la rive gauche de la Loire commencent à bombarder violemment la ville. Il ne s'y trouvait aucun soldat non blessé, et pas un coup de fusil n'avait été tiré ; le drapeau de la croix rouge flottait sur les édifices...

» La première maison de l'endroit était une pension de jeunes filles. — Je ne pense pas qu'aucune des horreurs de la guerre dépeintes par la plume d'Erckmann-Chatrian ait égalé celle que contenait cette maison. Toutes les chambres, et il y en avait un grand nombre, étaient combles, de la cave au grenier, de soldats blessés, d'hommes morts ou mourant d'inanition ; ils étaient tellement entassés qu'il était impossible de se mouvoir au milieu d'eux. Quelques-uns étaient là depuis le mardi soir, beaucoup depuis le mercredi... c'était maintenant samedi ; — pas une goutte d'eau, pas un atome de nourriture n'avait encore passé par leurs lèvres. Beaucoup étaient mortellement blessés, mais vivants. Il y avait un grand nombre d'officiers parmi eux ; l'un d'eux était tendrement soigné par un sergent de son régiment, dont la jambe était cassée et qui l'avait couvert de son propre habit. Les fenêtres de la maison avaient été rompues ; on n'y trouvait aucun ameublement ; pendant ces jours et ces nuits d'un froid presque sibérien, ils avaient été couchés sur le parquet avec leurs blessures non pansées. La puanteur était effrayante. Dans quelques chambres, il y avait douze ou quatorze hommes dont plusieurs morts...; ce qui était pis encore, un pauvre garçon était couché seul dans une chambre, la cuisse traversée par une balle. Le froid et la faim avaient fait de lui l'être le plus digne de pitié que j'aie jamais rencontré. Son exclamation : *Quel bonheur !* quand il s'aperçut que des figures humaines étaient près de lui, ne sera jamais oubliée de ceux qui l'ont entendue...

» Beaucoup d'Allemands avec la croix rouge passaient pendant la nuit, mais ils refusaient de donner le moindre secours, étant trop occupés à emmener le bétail, les ânes chargés de denrées et les chiens qu'ils avaient pillés dans les fermes voisines ». Ils appartenaient à cette légion de Germains, les *Schlachten-bummler*, qui parcouraient les champs de bataille, avec droit de réquisition, de logement et de la nourriture, sous le couvert d'un brassard timbré de la *Société de secours volontaires aux blessés* (1).

Il est inutile d'insister davantage sur l'insuffisance du service de transport des blessés à l'ambulance divisionnaire et sur les douloureuses conséquences qui en ont été le résultat, tant dans l'abandon des blessés à l'ennemi que dans leur disparition par les incendies. Et cependant, ce n'est là qu'une des causes multiples des désastres sanitaires de 1870, occasionnés par une organisation surannée et peu en rapport avec les progrès de l'art militaire.

§ 2. — *Ambulances.*

Dès que le combat paraissait imminent, le service hospitalier prenait ses dispositions pour l'entrée en action de l'ambulance. Le sous-intendant militaire de la division, après avoir pris les ordres du général, ou de sa propre initiative (art 105), faisait connaître au médecin en chef l'emplacement de l'ambulance. D'après les prescriptions à ce sujet de la notice 2 du règlement, on choisissait, à proximité des troupes engagées, des granges ou des bâtiments abrités autant que possible; ce n'est qu'à défaut de bâtiment qu'on pouvait installer l'ambulance sous la tente.

Recherchons, par quelques épisodes de la guerre de 1870-1871, la part qu'il convient d'attribuer au choix de cet emplacement de l'ambulance sur les événements si douloureux survenus pendant le combat.

Le 6 août, l'armée du maréchal de Mac-Mahon est en

(1) Abbé Deblaye.

position en avant de la ligne Morsbronn-Neehwiller, sur la rive droite de la Sauer. L'emplacement du service hospitalier indiqué par la notice 2 du règlement est donc Neehwiller, Frœschwiller, Elsasshausén, Eberbach.

FRŒSCHWILLER (6 août)

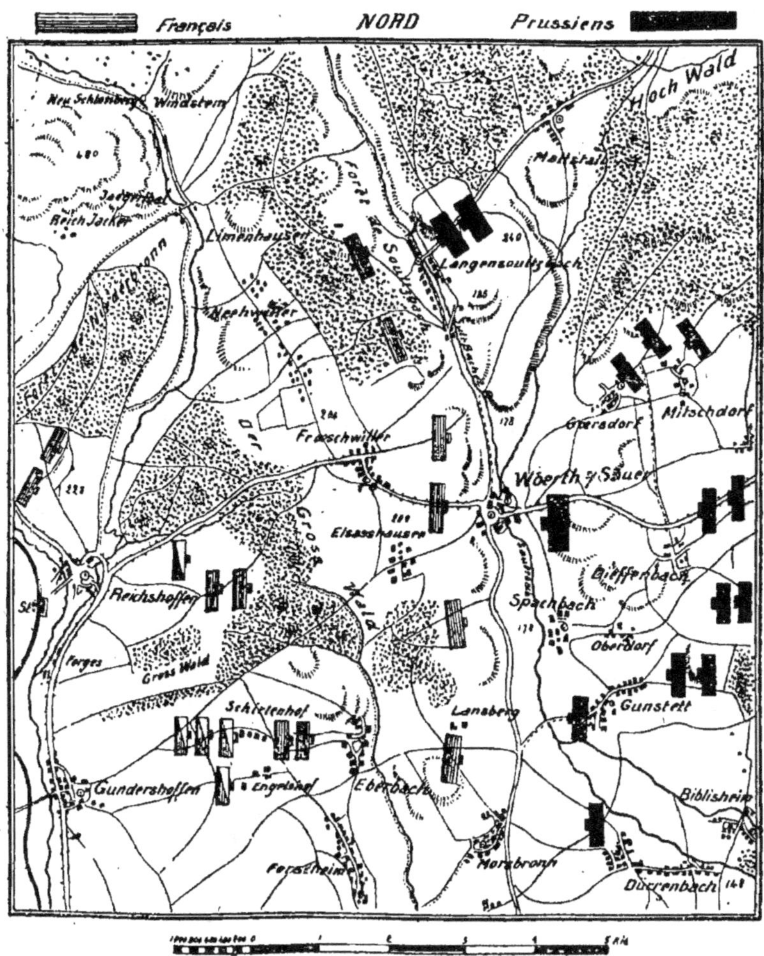

Les ambulances s'installent donc, avec une parfaite quiétude, dans ces localités, qui vont bientôt devenir *le centre de la résistance* des troupes et d'infernales fournaises.

Ecoutons le récit de Sarrazin, médecin en chef d'une des ambulances de Frœschwiller, établie dans la mairie.

« Vers 9 heures du matin, les obus prussiens passent en sifflant sur l'ambulance; ils tombent près ou loin. L'un deux casse la pompe qui est devant la porte; d'autres éclatent dans la rue, dans la cour; leurs éclats traversent nos salles... Nous continuons à panser les blessés, qui nous arrivent en grand nombre; mais toute opération réclamant le concours de plusieurs aides est devenue impossible. Opérer les blessés sous le feu de l'ennemi ?... Ah ! quelle légende ! Jusque-là, j'y avais cru. Mes aides en valent bien d'autres, et cependant, quand je demandais une pince ou un couteau, ils me passaient une éponge ou du fil à ligature. La haute chirurgie demande plus de calme et de recueillement qu'on n'en peut trouver sur le champ de bataille.

» M. le sous-intendant Rodet propose d'évacuer l'ambulance et de la porter plus en arrière. J'ai déjà plus de 200 blessés... A grand'peine on parvient à réunir une douzaine de cacolets ; quelle dérision !... On les charge, ils partent.

» Les blessés continuent à affluer à l'ambulance; les salles de la mairie sont pleines à regorger; les deux granges avoisinantes se remplissent rapidement. On ne peut pas se figurer la fatigue douloureuse qu'on éprouve lorsqu'on passe de longues heures à genoux , couché vers la terre, pour panser ou opérer des blessés; j'ai les reins cassés, les genoux endoloris et j'éprouve un éblouissement chaque fois que je me relève.

» Un, deux, trois obus frappent coup sur coup la façade des murs de l'ambulance; un quatrième éclate dans la toiture, un cinquième devant la porte, tue deux infirmiers et un zouave blessé qu'ils portaient. Il semblerait que tous les canons prussiens nous ont choisis pour objectif ! — Cependant le drapeau de la convention de Genève flotte sur l'édifice. — Toutes les balles viennent converger sur nous; elles s'aplatissent sur les murs, cassent les carreaux, percent nos portes et nos volets; les obus frappent les murailles, éclatent sans les traverser, mais deux d'entre eux passent par une fenêtre à l'étage supérieur et produisent dans l'ambulance des détonations formidables. — A 2 heures, je n'en puis plus ; mes aides ne tiennent plus debout ; je suis forcé de m'arrêter ; la tension nerveuse nécessaire à l'acte opératoire épuise plus vite qu'un travail de force... »

» Tout à coup, le bombardement cesse. Je m'occupais à arrêter une hémorragie de l'avant-bras d'un officier. A l'instant où l'artère est liée, un coup de clairon, lent, lugubre, inconnu, vient rompre le silence qui a succédé depuis quelques minutes au fracas du bombardement. Ah ! quel clairon maudit ! Tout le monde s'arrête ; les blessés se soulèvent ; on se regarde sans mot dire ; quelques-uns se voilent la face ; tout le monde a compris : ah ! quelle est dure la première défaite ! ...

» Au dehors, des hourras frénétiques... Nu-tête, je me précipite vers un officier supérieur qui est à cheval devant l'ambulance et je réclame pour mes blessés le respect et la protection qui leur sont dus. Il me reproche durement de ne pas avoir au bras le *brassard* de la convention de Genève à laquelle la France a adhéré et me menace de nous faire tous fusiller si un coup de fusil part de l'ambulance. Au moment où je retourne près des miens, il me crie en mauvais français quelques paroles grossières. L'insulte après la menace de la part du vainqueur, cela se passe de commentaires. »

La réflexion de Sarrazin, à propos du calme et du recueillement que réclament les opérations de haute chirurgie, me rappelle, entre autres, ce fait personnel. Au bombardement de Saint-Denis, en 1870-1871, un sous-officier vint au 138° de marche, pendant le déjeuner, demander un médecin *militaire* de la part du commandant du fort de l'Est, en ce moment sous un feu violent de plusieurs batteries ennemies. En ma qualité de médecin-major, chef de service, je suivis ce sous-officier après avoir prescrit à mes aides de répondre à tout nouvel appel suivant leur ancienneté de grade. Je trouvai dans des salles basses, au milieu de militaires affreusement mutilés par des éclats d'obus, trois ou quatre médecins d'une ambulance civile avec leurs infirmiers, profondément émus et troublés par la surprise d'une situation si inattendue et le spectacle navrant qui frappait leurs esprits.

Les obus éclataient à intervalles réguliers, deux ou trois par minute, dans la cour et sur le mur, projetant dans les salles des débris de pierres ; quelques-uns éclataient sur le seuil de la porte, sur le rebord des fenêtres, remplissant les salles d'une fumée âcre, d'une épaisse poussière de plâtre, de bruits formidables et de fragments de métal. Chacun de nous avait le visage grave, contracté, le cœur serré ; on opérait en silence dans les intervalles des explosions, s'arrêtant à chaque détonation, pour continuer dès que la fumée était dissipée. On échangeait les mots strictement indispensables ; on accomplissait son œuvre automatiquement, sans posséder cette liberté d'esprit que nécessite l'inspiration dans la pratique d'une grande opération.

Vers le soir, le feu de l'artillerie ennemie cesse ; tous les blessés sont rapidement évacués. Nous quittons ces sables les reins horriblement courbaturés, les jambes brisées et ahuris par ce vacarme infernal, ces formidables explosions ininterrompues pendant plusieurs heures.

Le 18 août, le 6ᵉ corps occupait la position Amanvillers-Roncourt, refusant sa droite, ayant un poste avancé à Sainte-Marie-aux-Chênes, défendu par le 94ᵉ, colonel de Geslin.

Vers 1 heure, l'action s'engageait en avant de Saint-Privat-la-Montagne et à Sainte-Marie-aux-Chênes. Obéissant aux prescriptions de la notice 2 du règlement, le service hospitalier croit donc pouvoir sans danger établir les ambulances dans Saint-Privat. Une s'installe au château ; une autre dans l'église ; une troisième au bas du village dans une ferme ; d'autres à la mairie, à la maison d'école.

SAINT-PRIVAT (18 août, vers 1 heure)

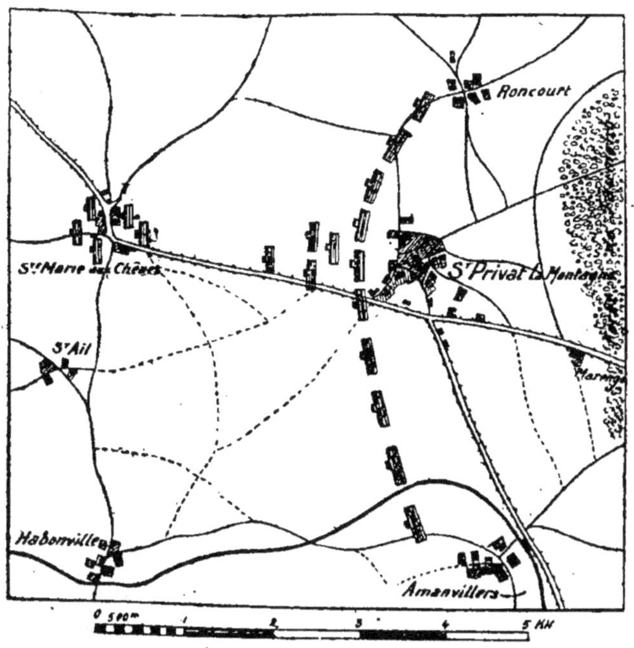

Après une admirable défense, devenue ·classique, de
Sainte-Marie-aux-Chênes, le colonel de Geslin est obligé,
vers 3 heures, de replier le 94° sur Saint Privat. Les troupes
du maréchal Canrobert se replient également sur Saint-Privat, qu'elles convertissent promptement en centre de résistance. L'artillerie ennemie se rapproche en échelons et
prend Saint-Privat comme objectif. Les obus sifflent de tous
côtés et s'abattent comme une grêle sur le village : les murs
volent en éclats, les ambulances regorgent de blessés. L'em-
combrement et l'entassement des troupes dans les rues rendent en ce moment impossible, comme à Elsasshausen,
toute tentative d'évacuation. On s'empresse autour des blessés, on les arrache aux flammes, on les transporte dans les
maisons qui offrent encore un semblant d'abri.

Le château est une espèce de ferme située sur le point
culminant du village. C'est là que François Papillon, mé-

decin-major de première classe, a établi son ambulance. Au point de vue de l'air et de la perspective, le lieu était certes parfaitement choisi pour un hôpital de convalescents ; les blessés s'y seraient sans nul doute fort bien trouvés, si l'artillerie ennemie n'était venue rappeler brutalement les es-

SAINT-PRIVAT (18 août, vers 4 heures)

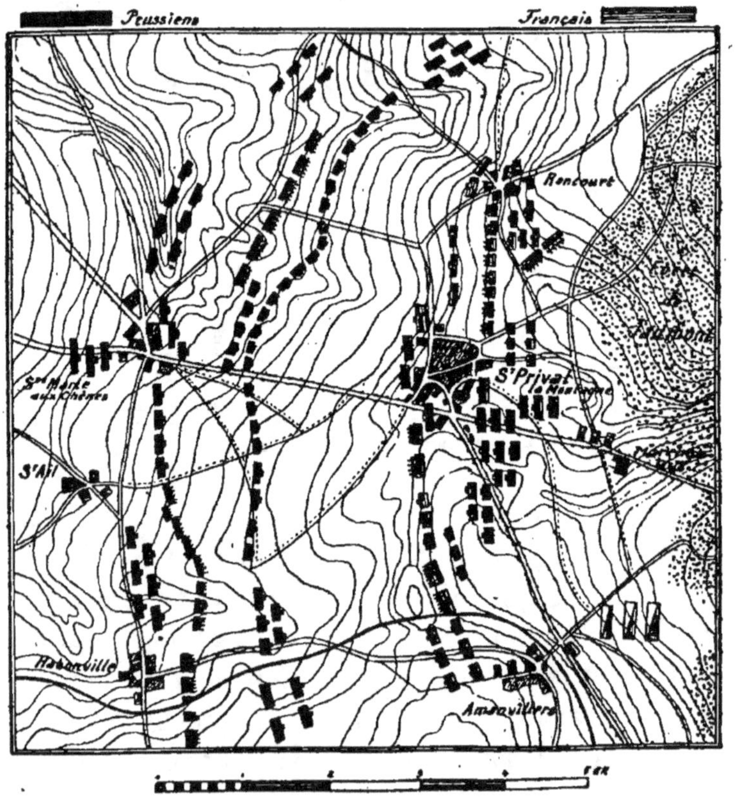

prits à la réalité d'une si déplorable situation. Les obus frappent les murs, éclatent dans l'embrasure des fenêtres, traversent les toitures, font explosion dans l'intérieur des pièces, ébranlent ce fragile édifice par leur formidable bruit et répandent la terreur ; les balles traversent les fenêtres, ricochent dans les pièces. Les blessés, terrifiés, se précipitent affolés vers les portes ; les amputés se traînent sur le plancher. Chacun se hâte de gagner l'escalier le premier ; ils se pressent, s'accrochent les uns aux autres, ne forment qu'une masse qui se heurte dans sa fuite sur le palier. La vieille rampe en bois reçoit le choc, résiste un instant, cède sous le poids et l'effort: une gerbe humaine va s'abattre sur le sol du rez-de-chaussée (1). — Cette triste conséquence de la plus coupable des imprévoyances rappelle l'inepte cause du désastre de Beaumont.

L'ambulance de l'église est remplie de blessés et de mourants. La toiture s'enflamme ; une épaisse fumée envahit l'édifice et jette l'effroi, le désordre et la panique. Les blessés qui peuvent marcher ou ont encore assez de force pour atteindre la porte s'enfuient. Le colonel Hanrion, du 26e d'infantérie, blessé depuis peu, parvient à s'échapper. Ceux qui ne peuvent se traîner au dehors voient avec terreur des débris enflammés se détacher de la toiture et tomber sur leur tête... Tous ne peuvent être sauvés. Au milieu des cris d'appel et d'angoisse, la voûte s'affaisse et ensevelit bien des malheureux sous un brasier ardent.

Beaucoup de blessés gisent dans la rue ou sont entassés sans pansements dans un local. Une balle pénètre par une fenêtre d'un rez-du-chaussée et tue un jeune capitaine que pansait un médecin. Un grand nombre de médecins, dépourvus de tous les éléments nécessaires aux pansements, s'efforcent, à la lueur des incendies, au milieu des imprécations des combattants, des explosions répercutées par les murailles, de donner quelques secours aux blessés.

A 8 heures et demie les derniers défenseurs de Saint-Privat, les blessés et les médecins sont tous prisonniers. Le matériel des ambulances est pris par l'ennemi.

Pendant cette mémorable bataille, la ferme de Montigny-la-Grange est convertie en ambulance et reçoit des blessés

---

(1) Documents inédits d'un médecin de l'ambulance.

toute la journée. Sa situation paraissait, pour elle aussi, fa_
vorable, au début du combat, à l'installation des blessés,
puisque le général Ladmirault, commandant le 4° corps,
avait établi son quartier général en avant de la ferme. A la
nuit, le 4° corps se replie et la met en état de défense ; les
obus de l'ennemi incendient la ferme et les maisons voisines
remplies de blessés, qui deviennent la proie des flammes.
Des médecins de corps de troupe continuent à panser, aux
lueurs rougeâtres de l'incendie, les blessés que l'on a pu
transporter hors des maisons dévorées par le feu.

La 3ᵉ division (général de Lorencez) du 4ᶜ corps abandonne
pendant la nuit Amanvillers en flammes, encombré de ses
blessés, que le manque de voitures, envoyées à Metz à la
recherche des vivres, avait empêché d'évacuer dans la
soirée.

La notice 2 du règlement (service de l'ambulance pendant
le combat) indiquait que, « à défaut de bâtiment, l'ambulance est installée sous tente ou même organisée comme
un bivouac ». Cette disposition était certes de beaucoup
préférable à celle dans un bâtiment, mais à la condition
toutefois de ne pas choisir comme emplacement un point
stratégique ou d'un libre parcours pouvant être facilement
balayé par la cavalerie.

C'est ainsi que, le 16 août 1870, l'ambulance de la division
de cavalerie (général de Valabrègue) du 2ᶜ corps est foulée
aux pieds des chevaux. La 13ᵉ brigade de cavalerie (général
Von Bredow), 16ᵉ uhlans d'Altmark et 7ᵉ cuirassiers blancs
de Magdebourg, débouche sur le front de notre armée en
évitant Flavigny, s'élance sur la brigade Colin, traverse le
93ᵉ. Des groupes en désordre de cuirassiers et de uhlans
arrivent à fond de train sur l'ambulance, le regard effaré,
sabrant tout, à droite et à gauche, sur leur passage, renver-
sant les médecins, les brancardiers, les blessés, qu'ils
broient sous les pieds de leurs lourds chevaux. Le médecin

en chef Beurdy, agenouillé près d'un brancard, se lève pour protéger les blessés : il est sabré, malgré son brassard, par un cuirassier de Magdebourg. Le lieutenant Martin, du 93e, porté par des infirmiers, reçoit sur la nuque un vigoureux coup de sabre d'un uhlan (1). Nous verrons plus loin que les blessés de l'ambulance de Reischoffen ont été massacrés sur leurs brancards et que le sous-intendant Coulombeix fut haché de coups de sabre. Ces actes de sauvage brutalité doivent nous mettre en garde contre leur retour dans l'avenir.

Il faut donc reconnaître que le principe d'installer des ambulances dans une grange, une ferme, à proximité des troupes engagées, était une grande faute de tactique qui fut une des principales causes de leurs désastres. En outre, l'ennemi profita maintes fois de la défectuosité de ces emplacements pour provoquer le désordre et des paniques, en prenant comme objectif le drapeau de la convention de Genève. Ces faits ont été constatés non seulement au voisinage du lieu de la lutte, mais même en dehors du champ de bataille, dans des circonstances où l'on ne pouvait alléguer le déplacement du combat. M. Ch. de Freycinet rapporte, dans *La Guerre en province*, que plusieurs ambulances de l'armée de la Loire ont été bombardées, quoique le drapeau de la croix rouge flottât au-dessus de l'édifice où elles étaient installées et les désignât suffisamment au respect de l'ennemi.

A Sedan, le 1er septembre, une ambulance s'établit dans la ferme de Quérimont, au bois de la Garenne, et signale son emplacement, ainsi qu'il est prescrit à l'article 105 du règlement, par le drapeau de la convention de Genève. Ce drapeau sert de point de mire à l'artillerie saxonne; les obus frappent de tous côtés, tuent les infirmiers et les blessés qu'ils portent, incendient les maisons d'habitations, les granges et les écuries, converties en salles d'opérations et d'hôpi-

---

(1) Ferd. Lecomte. — Rüstow.

tal. On transporte dans la cour une partie des blessés, tandis que l'autre, qu'on n'a pas le temps d'arracher aux flammes, périt dans d'atroces souffrances (1).

A Péronne, le général Barnekow, voulant intimider la défense et avancer la reddition, ordonne à son artillerie de prendre pour objectif les bâtiments surmontés d'un drapeau blanc à croix rouge. Neuf batteries de campagne, sous le commandement du colonel Kamecke, le même qui présida plus tard au bombardement de Paris, dirigèrent leur feu d'abord sur l'église, ensuite sur l'hospice, dont l'incendie des bâtiments ne fit qu'activer le tir des Prussiens; les obus y pleuvaient constamment et de tous côtés pour écarter les secours (2). A Strasbourg, les artilleurs ennemis lancèrent avec acharnement leurs projectiles sur les hospices pour entretenir et activer le feu et s'opposer aux secours. Des amputés se traînèrent dans l'escalier pour se mettre à l'abri (3).

Aux reproches que lui adressent des notables de Péronne sur cet acte inhumain et sur la violation de la convention de Genève, Barnekow répond : « Vous vous plaignez de ces procédés, et cependant nous ne les employons que par humanité, pour éviter l'effusion du sang dans les limites de notre pouvoir (4). » Il importe de livrer au châtiment de l'histoire ces actes de révoltante barbarie teutone !

§ 3. *Service de l'évacuation des blessés de l'ambulance.*

Parmi les causes qui ont provoqué les désastres des ambulances, il faut mettre en ligne de compte, et dans un bon rang, leur immobilisation sous le feu de l'ennemi par l'encombrement des blessés; l'emploi de moyens de transport

---

(1) G. Bastard.
(2) L. Faidherbe.
(3) Alf. Mézières, Académie française.
(4) Max Guilin.

improvisés pour évacuer les blessés des ambulances sur les hôpitaux temporaires.

Aux termes de l'article 100 du règlement, on évacuait les blessés au moyen de mulets et voitures tirés des réserves des quartiers généraux et surtout des voitures de réquisition (notice 2). Ces moyens de transport, devant être improvisés au moment où le besoin de l'évacuation se faisait sentir, étaient subordonnés aux circonstances et par conséquent aléatoires. Lorsqu'ils ne faisaient pas défaut, ils étaient tardifs et toujours insuffisants. Ainsi, lorsque les obus prussiens inspirent l'idée de replier l'ambulance de Frœschwiller, le nombre de blessés qu'elle contient rend le mouvement impossible ; on songe alors à improviser les moyens de transport pour évacuer les blessés. Après bien des recherches, on réunit enfin une *douzaine* de cacolets, tant on avait pensé à l'éventualité possible d'une évacuation pendant le combat ! Il est arrivé de même à Saint-Privat ; lorsque l'artillerie ennemie eût démontré la position critique et défectueuse, disons le mot : *absurde*, des ambulances qui s'étaient établies dans le village, on s'aperçut alors que l'encombrement des rues ne permettait plus le déplacement des ambulances et que toutes les voitures étaient à Metz, à la recherche de vivres pour remplacer ceux que l'on avait brûlés si précipitamment la veille à Rezonville. Là aussi on n'avait donc pas prévu une évacuation de blessés pendant la bataille !

L'ambulance de la 3e division (général Metman) du 3º corps d'armée, s'était établie le 18 août dans la maison d'école de Châtel-Saint-Germain et dans les maisons voisines. Vers 7 heures du soir, arrive l'ordre de suivre la retraite. Le manque de moyens de transport oblige d'abandonner les blessés ; le personnel et le matériel de l'ambulance se mettent à la suite des troupes qui se dirigent sur Metz (1).

-----

(1) Abbé de Meissas.

Ces troupes pouvaient voir les flammes qui s'élevaient au-dessus de la ferme de Moscou. Des blessés de la journée du 16, transportés dans cette ferme, n'avaient pas encore été retirés ; ils périssaient dans l'incendie. Le corps du général de Marguenat fut consumé sans laisser de trace.

Le général de Marguenat était tombé le 16 en chargeant à la tête de sa brigade d'infanterie (1re de la 4e division du 6e corps) ; il fut transporté à l'ambulance de Flavigny. Remis, le 17, aux avant-postes par l'ennemi, son corps avait été déposé dans la ferme de Moscou, par M. Goetz, de Nancy, et le comte Sponeck, gentilhomme danois, faisant volontairement le service de relèvement des blessés avec MM. Vidal et L. Beaudoin, de Paris.

Malgré son éloignement du champ de bataille, l'ambulance de la 2e division du 1er corps d'armée, installée dans une maison de Reischoffen et sous une tente dressée à côté, n'en subit pas moins un affreux désastre. Encombrée de blessés, ne possédant que quelques mulets de cacolet, elle ne peut se replier à propos, aux premiers signes de la retraite ; les projectiles ennemis criblent la tente, incendient la maison, tuent les blessés. L'ennemi arrive, maltraite fort le personnel, le fait prisonnier et s'empare du matériel.

Le sous-intendant Coulombeix, qui avait installé l'ambulance de la 4e division (général Lartigue) dans une prairie et ne put également, à cause du nombre des blessés, se replier à temps, est littéralement haché de coups de sabre par les hussards ennemis.

L'évacuation tardive des blessés vers l'arrière, au moyen de convois improvisés à la dernière heure, était donc une tactique non seulement mauvaise, mais encore déplorable qui contribua pour une large part à la perte des ambulances ; elle n'assurait même pas le sort des blessés pendant leur transport aux hôpitaux temporaires.

Le premier jour de Champigny (30 novembre), les moyens de transport amenés le soir de Paris, bien qu'insuffisants par rapport à la quantité de blessés accumulés pendant toute la journée, occasionnent cependant, par leur rassemblement en nombre trop considérable à la dernière heure, un encombrement de convois sur les berges de la Marne, exposant, pendant de longues heures, des malheureux affaiblis par la fièvre et la perte de sang à toutes les tortures d'un froid glacial (1).

A Borny, le 14 août, l'attaque de l'ennemi, commencée à 4 h. 10, a été repoussée ; on organise enfin un convoi de blessés qui n'entre dans Metz, situé à 4 kilomètres seulement, que vers 10 heures du soir ; depuis longtemps la bataille avait cessé. Un interminable convoi de voitures, de cacolets, de litières chargés de mourants et de blessés, se presse, se heurte, sur les ponts, dans les rues tortueuses, en un désordre indéfinissable, au milieu d'un encombrement lamentable de troupes qui se replient. — 3,608 hommes manquaient à l'appel. — Combien de malheureux sont restés couchés sur la terrre pendant cette nuit sans fin ! et combien expirèrent faute de soins ! Les maisons, les fermes, le château, sans compter le champ de bataille, regorgeaient de blessés. Si, en ce moment, l'ennemi, par un retour offensif, avait pressé la retraite, que serait-il arrivé aux blessés de cet assemblage sans fin de voitures, de charrettes et de mulets, pêle-mêle, la nuit, sur une seule route ? On songe avec effroi aux scènes épouvantables, indescriptibles, qui surgissent fatalement, lorsque ces longs convois improvisés à la dernière heure sont culbutés, foulés aux pieds par ces masses d'hommes, de cavalerie, d'artillerie, roulant, affolées par la défaite, brisant tout sur leur passage.

Les obus ennemis poursuivant les fuyards passent au-dessus des convois ; d'autres éclatent sur le côté, quelques-uns frappent en plein dans le tas, éventrent des chevaux de timon et brisent des avant-trains qui obstruent la route. Les

---

(1) Ferd. Lecomte.

cris des blessés, l'effroi des mulets et des chevaux troublent les conducteurs ; pris de panique, ils dirigent les voitures vers les champs, frappent à coups redoublés leurs chevaux et tentent de s'éloigner au plus tôt. Les roues enfoncent dans les terres détrempées, les voitures s'enlizent ou versent ; les mulets piétinent, se débattent, glissent et tombent. Le désordre est bientôt à son comble ; les cris des malheureux ballottés ou écrasés sont déchirants.

» Des voitures d'ambulance gravissent avec mille peines les pentes escarpées des coteaux ; à grand renfort d'aides, elles parviennent néanmoins à atteindre le sommet. Mais les bras cèdent soudain et l'une d'elles dégringole en arrière, écrasant dans sa chute les gens qu'elle contenait, ainsi que ceux qui prêtaient la main à son ascension ». (*Sedan*, G. Bastard.)

Sur la route de Frœschwiller à Reischoffen, des voitures d'ambulance ont été prises, le 6 août, dans la retraite et renversées, pour déblayer la route, sur les revers du chemin. Les blessés qu'elles transportaient sont pêle-mêle, les uns sur les autres. Des gémissements, des cris de douleur s'échappent de ce lugubre entassement de têtes, de bras, de jambes, de corps inondés de sang. Un tout jeune sous-lieutenant appuie sa tête sur la poitrine d'un vieux capitaine, mêlant sa blonde chevelure aux cheveux blancs du vieillard ; c'est le dernier baiser d'un père à son fils expirant (1).

Ces navrantes scènes ne sont pas seulement l'apanage de la défaite ; les armées victorieuses en offrent aussi de regrettables exemples.

Le soir de Solférino (24 juin 1859) la division de cavalerie Partouneaux est envoyée en reconnaissance dans un bois, pendant qu'on relève les blessés de la journée et que l'on improvise de nombreux convois qui partent pour Brescia et

---

(1) Général Ambert.

Milan. Cette division, qui avait si brillamment chargé l'ennemi pendant le jour, est prise la nuit de panique ; elle arrive tout à coup dans un désordre indescriptible, comme un ouragan humain, semant l'épouvante, le trouble et la terreur. Les convoyeurs italiens et les soldats du train, affolés, jettent, pêle-mêle, dans les fossés des routes, les voitures, les chariots remplis de blessés les plus grièvement atteints ; coupent les traits pour se sauver plus vite avec les chevaux et les mulets dételés. Le jeune général d'artillerie Auger, qui venait d'être amputé du bras, fut tué dans sa chute. Des officiers blessés, et parmi eux l'officier d'ordonnance du général Forey, aujourd'hui général, n'ont dû leur salut qu'à leur énergique attitude et en maintenant, le revolver à la main, les conducteurs à leurs postes (1).

Le principe de l'évacuation tardive des blessés vers l'arrière a donc été plus fatal aux blessés que les engins même de l'ennemi ; c'est par milliers qu'il faudrait en compter le nombre des victimes, si l'on se souvient de tous ceux qui sont morts pendant le bombardement et les incendies des ambulances, par le manque de soins ou fatalement tardifs lorsqu'ils en ont reçu (2), après avoir développé les germes de l'infection putride, et, enfin, de tous ceux qui, à peu près convalescents, sont morts de misère et de froid dans les camps de l'Allemagne. (Abbé Deblaye.)

ARTICLE IV

ÉPILOGUE

Ces récits de faits historiques bien authentiques, relatifs à l'organisation et au fonctionnement du service de santé en 1870, renferment d'utiles leçons pour l'avenir.

---

(1) Comte d'Hérisson. — Récit de l'officier d'ordonnance du général Forey.

(2) A Metz, des blessés ont attendu dix jours leur premier pansement.

On remarque tout d'abord avec surprise que le service de santé était sectionné sur le champ de bataille en deux tronçons, fonctionnant séparément, sans but collectif, sans contact et sans lien pendant le combat.

On voit également que le service des corps de troupes ne possédait pas un personnel affecté exclusivement au relèvement des blessés tombés dans les lignes ; on le laissait, suivant l'usage d'alors, « se débrouiller ».

Les médecins des régiments étaient chargés de donner, sans le concours d'un personnel technique, les premiers secours aux blessés. Ils parcouraient isolément le terrain à la suite du régiment, sans lieu de rassemblement, pansant par-ci, par-là ; se groupant lorsque le hasard ou les circonstances les réunissaient ; s'installant à l'aventure dans des granges, des fermes les plus voisines et sur le terrain même de la lutte. Les uns s'érigeaient en chef, les autres opéraient pour leur compte, suivant leur propre inspiration et leur expérience personnelle. Des aides-majors de 1ʳᵉ classe, sortis de l'école depuis deux ou trois ans à peine, instituaient ainsi des centres d'opérations chirurgicales.

Le service hospitalier installait, pour son compte particulier, des ambulances divisionnaires dans des bâtiments à proximité des troupes engagées. Les blessés qui se retiraient de la lutte y entraient « en passant » ; d'autres y étaient apportés par un détachement du train des équipages militaires, chargé d'aller, sans indications spéciales, recueillir des blessés aux abords des combattants. Ce service de transport des blessés ne chargeait donc, à quelques exceptions près, que des blessés qui avaient pu quitter les lignes, ou que l'on avait apportés dans ces lieux de pansements improvisés par les médecins des régiments, lorsque les mulets de bât pouvaient arriver jusqu'à ces lieux ; quant aux blessés les plus gravement atteints, ils restaient sur le terrain. Le détachement du train attendait la fin de la bataille ou le lever du soleil pour aller à leur recherche sur le lieu même de la lutte ; les blessés ne devaient pas mourir avant que l'on vînt à leur secours !

Les ambulances divisionnaires s'installaient et fonctionnaient comme de véritables hôpitaux ; on y pratiquait toutes les opérations de haute chirurgie. Ces opérations absorbaient tout le temps et tout le personnel des ambulances ; les autres blessés attendaient. Aux ambulances de l'armée de Metz, des blessés ont attendu ainsi dix jours leur premier pansement, répandant dans les salles tous les germes de l'infection purulente.

Il n'existait pas dans le service hospitalier de moyens fixes de transport pour évacuer les blessés de l'ambulance sur les hôpitaux temporaires, on improvisait ces moyens lorsque l'urgence de l'évacuation se faisait sentir ; mais on attendait de préférence que la bataille fût terminée. Il en résultait promptement un encombrement de blessés, que l'on était ensuite impuissants à faire écouler ; ils immobilisaient les ambulances et leur rendaient tout déplacement absolument impossible. Dans ces conditions, elles ne pouvaient suivre une marche des troupes en avant ou se replier rapidement dans un mouvement rétrograde ; elles restaient dès lors exposées à tous les dangers de la lutte et au sort des armes, qu'elles ont subi du reste amplement sur tous les champs de bataille, ainsi qu'il a été dit.

On objectera sans doute que la plupart des épisodes qui ont été relatés sont la conséquence forcée, inévitable, du mouvement de retraite d'une armée. Evidemment, si l'armée avait, dès le début du combat de Frœschwiller, par exemple, d'un bond sur Wœrth et Gunstett, effectué une marche en avant, les épisodes de Frœschwiller et de Reischoffen n'auraient pas eu lieu ; mais les ambulances, installées avec leur matériel dans des granges ou des bâtiments, encombrées de blessés, n'auraient pu suivre l'armée au moins que très tardivement et auraient fait défaut sur le terrain de l'action définitive, du dénouement. Il n'est pas moins évident aussi et indiscutable que si l'on n'avait pas attendu le moment de la lutte décisive, ou mieux la fin du combat, ainsi qu'il était d'usage, pour relever les blessés dans les lignes, les transporter à l'ambulance et les évacuer immédiatement, après un pansement sommaire, vers l'arrière ; que si les ambulances ne s'étaient pas installées dans des bâtiments comme des hôpitaux temporaires destinés à pratiquer toutes les opérations ; si l'on n'avait pas escompté la victoire pour relever, panser et évacuer vers l'arrière les blessés, la grande majorité des blessés, le personnel et le matériel du service de santé auraient échappé aux mains de l'ennemi. Le service de santé n'aurait pas fait le krach le plus lamentable qui soit inscrit dans l'histoire des armées.

Cet aperçu analytique du fonctionnement du service de santé en 1870-1871 et des épisodes si regrettables qui sont survenus à chaque bataille, nous fournissent les enseignements suivants :

1° Manque d'une unité organique dans le fonctionnement du service de santé, et d'une direction unique, adaptant le service des corps de troupe et le service hospitalier aux circonstances du champ de bataille, faisant converger les efforts individuels vers un but collectif ;

2° L'absence d'un personnel spécial pour relever les blessés pendant l'action a occasionné leur abandon sur le terrain et distrait des combattants des lignes de feu ;

3° Le service des corps de troupe n'ayant pas de chef, de manœuvre tactique ni de cohésion, a été disloqué dès le premier choc. Les médecins des régiments, isolés sans personnel technique pour concourir aux pansements, n'ont rendu que des services individuels au-dessus de tout éloge, mais bien au-dessous, comme résultats, de leurs immenses efforts, de leurs dévouements et du nombre de blessés pansés ;

4° L'insuffisance du service de transport des blessés du

champ de bataille à l'ambulance divisionnaire a déterminé leur encombrement au voisinage des lieux de la lutte, au milieu des plus terribles dangers ;

5° La situation de l'ambulance divisionnaire dans un bâtiment à proximité des troupes engagées, ou dans une position pouvant être convertie ultérieurement par les troupes en un centre de résistance, était une grande faute de tactique qui a exposé les blessés et le personnel à l'atteinte des projectiles, à l'incendie, à tous les dangers de la lutte et à tomber aux mains de l'ennemi ;

6° L'installation de l'ambulance divisionnaire comme un hôpital *pseudo-ambulant*, donnant toute prédominance à l'élément technique sur l'élément transport, devait fatalement amener, par leur immobilité, la perte des blessés, du personnel et de tout le matériel ;

7° Le voisinage des luttes sanglantes ne se prête pas à la pratique de la haute chirurgie ; le nombre considérable de blessés ne permet pas de consacrer à quelques-uns, au détriment des autres, la longue durée de temps que nécessite toute opération chirurgicale ; par conséquent, le premier devoir d'une ambulance était d'évacuer les blessés recueillis par le service des corps de troupe, de les rendre le plus tôt possible transportables, de se constituer comme un intermédiaire entre le service des corps de troupe et le service hospitalier, d'être en un mot « un atelier d'emballage et d'expédition », suivant l'expression pittoresque de Rapp ;

8° L'improvisation à la dernière heure de moyens de transport des blessés de l'ambulance aux hôpitaux temporaires, a provoqué, par leur insuffisance ou leur défaut au moment critique, le stationnement des blessés, l'immobilisation des ambulances et déterminé le désastre des blessés, du personnel et de tout le matériel du service de santé.

§ 1ᵉʳ. — *Conclusions.*

En lisant le règlement du 31 octobre 1892 sur le service de santé en campagne, on constate que non seulement on a réalisé depuis 1870 d'immenses progrès, mais encore que l'on a créé, en quelque sorte de toute pièce, un service qui, jusqu'alors, n'était formé que de lambeaux épars.

Actuellement, le service de santé en campagne est divisé en deux grandes formations autonomes : l'une, sous le nom de *service de santé de l'avant*, fait partie intégrante des troupes mobilisées; l'autre est répartie, sous la dénomination de *service de santé de l'arrière*, sur les lignes de communication des troupes mobilisées avec l'intérieur du pays.

On a fractionné le service de l'avant en *trois échelons* : le service régimentaire, les ambulances divisionnaires et les

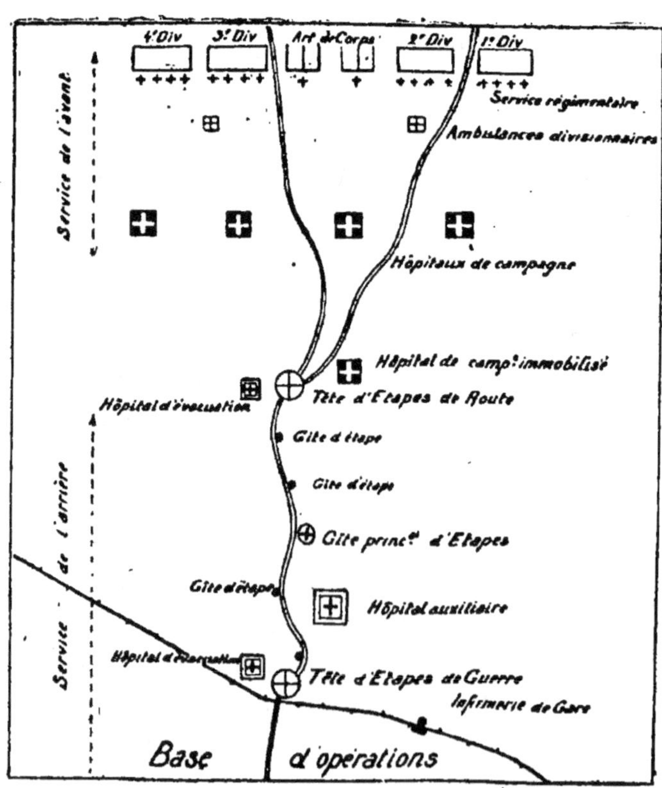

hôpitaux de campagne, solidaires les uns des autres. Le service de l'arrière comprend différents groupes destinés : les uns à l'hospitalisation sur place des malades non transportables ; les autres à leur évacuation vers l'intérieur du pays.

Il y a là un plan général, une organisation d'ensemble qui plaît à l'esprit ; mais il ne suffit pas d'avoir créé, au prix de difficultés sans nombre, une organisation d'ensemble du service de santé de l'avant, un fractionnement en *trois échelons*, un nombreux personnel et un grand matériel.

Il importe surtout que les divers rouages de cette organisation puissent fonctionner pratiquement un jour de combat ; que ce fonctionnement s'adapte aux exigences du champ de bataille et à la tactique des troupes ; que les trois échelons soient liés entre eux ; que leurs mouvements soient coordonnés et coopèrent à un but commun, ne faisant qu'un tout sous une impulsion unique. Il faut, en un mot, que cette organisation assure l'accomplissement de la haute mission du service de santé un jour de combat.

Peut-on compter aujourd'hui avec toute sécurité sur cette organisation nouvelle ? — Quelques appréhensions s'élèvent dans l'esprit en lisant un compte rendu fort intéressant et très instructif, publié par le tome XXI (juin 1893) des *Archives de médecine et de pharmacie militaires*.

C'est une revue des opinions très diverses, le plus souvent contradictoires, émises dans les *rapports officiels* des généraux directeurs, des généraux commandant de corps d'armée, des officiers d'état-major, des directeurs techniques, des médecins chefs de service, qui ont pris part aux *exercices spéciaux du service de santé en* 1892.

L'auteur de cette revue a exposé, avec beaucoup de tact et une très prudente réserve, la grande divergence des opinions qui ont paru sur les *mêmes questions* d'organisation et du fonctionnement des trois échelons du *service de santé de l'avant*, tant dans les rapports des officiers de tout grade, que dans ceux des médecins militaires. Ses appréciations sont fort judicieuses, il soulève parfois très discrètement certaines critiques, en se hâtant de sauvegarder sans cesse le règlement, comme s'il craignait qu'on l'incrimine de ces méfaits. Le règlement doit être toujours respecté ; mais les progrès incessants de l'art militaire et les modifications constantes de la tactique de combat, le rendent nécessairement imparfait à un certain moment. On peut donc, sans commettre un acte d'indiscipline, signaler les parties qui doivent être mises à jour ; on peut même dire que c'est une nécessité, d'où peut dépendre le succès dans les événements qui peuvent surgir à l'improviste ou occasionner d'irréparables désastres.

Beaucoup se rappellent encore combien pendant plusieurs années la discussion de la loi du 16 mars 1882, sur l'administration de l'armée, préoccupa vivement l'opinion publique, émue des pertes énormes que l'insuffisance des secours avait fait éprouver à nos armées pendant la dernière guerre. L'inquiétude que le pays manifestait pour les blessés dans la prochaine guerre pesa lourdement dans le plateau de la balance qui portait le principe de l'autonomie du service de santé, tant sur le pied de paix que sur le pied de guerre.

La loi du 16 mars 1882 a *rendu* au corps du service de santé militaire l'autonomie dont il avait joui de 1788 jusqu'à l'an IV ; elle lui avait été ravie par « une série de dispositions réglementaires dépourvues de base législative, se modifiant, s'annulant, se contredisant les unes les autres. » (*Etudes sur le service de santé en France*, 1849, Bégin).

Le souvenir des désastres subis en 1870 est encore palpitant d'actualité dans bien des mémoires ; leurs enseignements ne doivent pas être perdus pour tous ceux qui ont à cœur de prévenir les malheurs du passé par la prévoyance de l'avenir. Il faut donc que l'organisation et le fonctionnement des *trois échelons* du service de santé de l'*avant* soient toujours en harmonie avec la tactique nouvelle des troupes d'infanterie et permettent d'espérer qu'on n'aura pas à déplorer, quelles que soient les éventualités imprévues qui pourront surgir dans la prochaine guerre, les lamentables désastres de l'année terrible.

Si l'on ajoute à ces enseignements les considérations nouvelles qu'inspirent les effectifs énormes des armées de l'avenir, la portée excessive du feu de l'infanterie et notamment de l'artillerie, on est conduit à formuler ces bases stratégiques de l'organisation et du fonctionnement du service de santé de l'avant :

1° Dans chaque division, trois formations sanitaires échelonnées sur trois lignes, agissant collectivement ;

2° Enlèvement des blessés pendant le combat par les échelons des deux premières lignes et leur transport immédiat à l'échelon de troisième ligne ;

3° Soins techniques exclusivement à l'échelon de troisième ligne, placé à la limite du champ de bataille, hors de l'atteinte des projectiles et des péripéties de la lutte.

L'enlèvement des blessés pendant le combat et leur transport sans délai à l'arrière de la division privent une minorité extrêmement faible d'un pansement immédiat, mais ils offrent l'immense et précieux avantage de soustraire la plus grande majorité des blessés aux dangers des fluctuations du combat et des intempéries ; aux risques d'un douloureux abandon et de tomber aux mains de l'ennemi ; de conserver au pays ceux qui versent leur sang pour sa défense, et, à l'armée, ceux qui pourront ultérieurement reprendre les armes.

L'intervention de l'échelon de troisième ligne, pendant le combat, assure aux blessés une plus grande sécurité, des soins techniques plus complets, plus parfaits et, par suite, moins provisoires, loin du bruit des armes, des fureurs des combattants, de l'inquiétude et des préoccupations de l'issue de la lutte, et permet une évacuation plus rapide, dans un mouvement rétrograde.

On peut donc poser les conclusions suivantes :

1° Organisation des échelons des deux premières lignes en éléments de transport, fonctionnant comme une seule unité sous la direction du médecin divisionnaire ;

2° *Un poste de secours* par bataillon relié à une *station de pansements* de régiment ;

3° Pas de pansements par les brancardiers, dont la mission est exclusivement de relever et de transporter les blessés ;

4° Groupement des brancardiers par bataillon et compagnie, sous la direction d'un sous-officier par bataillon ;

5° Le poste de secours de bataillon n'a qu'un but : surveiller la ligne de feu, relever et réunir le plus tôt possible les blessés ;

6° La station de pansement de régiment dessert les postes de secours de bataillon ; fait les pansements indispensables pour rendre les blessés transportables ;

7° Nécessité, *dès l'ouverture du feu,* d'évacuer les blessés à l'échelon de troisième ligne, en prévision de l'accroissement probable de leur nombre et des incidents imprévus qui pourront survenir ;

8° Installation des stations de pansements de régiment et de l'ambulance *toujours* hors des bâtiments et des points susceptibles d'être convertis en centre de *défense* ou de *résistance;*

9° Pendant le combat, l'ambulance ne peut actuellement s'approcher suffisamment et s'installer à proximité des combattants ; il est nécessaire de la scinder en deux ambulances *volantes* et un *échelon de combat,* constitué avec le matériel de réserve. Ses moyens insuffisants de transport ne lui per-

mettent pas de desservir conjointement les postes de secours
et d'évacuer les blessés sur l'hôpital de campagne ;

10° Pas d'opérations chirurgicales à l'ambulance ; fonctionnement comme un grand échelon de *contact*, essentiel-
lement mobile, chargé de recueillir les blessés relevés à la
ligne de combat et de les transmettre à l'échelon de troisième ligne ;

11° Suppression des ambulances de cavalerie ; organisation de l'ambulance du quartier général en élément *exclusivement de ravitaillement*, en personnel et matériel, des échelons des deux premières lignes ;

12° Les drapeaux de neutralité pouvant servir d'indices à
l'ennemi sur la présence, l'emplacement et l'effectif des
troupes, les échelons des deux premières lignes s'abstien-
dront rigoureusement de les placer en évidence. Ces drapeaux seront réservés pour les voitures des convois ou des
trains quittant le champ de bataille. Pendant le combat, le
cheminement des brancardiers suffira à jalonner le trajet ;

13° Quatre hôpitaux de campagne ou *hôpitaux mobiles* par
train régimentaire de corps d'armée, dont un détaché jour-
nellement dans le train de combat de chaque division ;

14° Chaque échelon ne doit rigoureusement desservir que
la zone située en avant de lui ; *l'arrière va à l'avant*. Dans les
mouvements rétrogrades, chaque échelon se replie, en enle-
vant ses blessés, sur celui qui le suit ;

15° Fonctionnement des échelons des trois lignes pendant
les grandes manœuvres, en même temps que les grandes
unités de commandement, pour former le personnel et le
lier aux troupes ; pour donner au médecin divisionnaire
l'expérience et la sûreté du coup d'œil qui embrassent à la
fois l'ensemble des opérations *tactiques et techniques ;* la prévision des mouvements ; l'appréciation des nombreux e
minutieux détails de leur exécution, c'est-à-dire les connaissances stratégiques et tactiques nécessaires à la répartition,

à la disposition et au maniement des divers échelons un jour de bataille.

Instruits par les leçons du passé, nous devons préparer sans relâche l'avenir, en nous rappelant sans cesse les enseignements de la dernière guerre. Ne pas en profiter serait un crime de lèse-humanité.

5 août 1893.

NOTA. — Ce travail a été écrit en décembre 1892 sous le titre de : « *Bataille de Guyancourt, 5 octobre 1892. — Stratégie et tactique du service de santé.* » — Pour un motif indépendant de la volonté de l'auteur, il a dû être remanié, par suite écourté, et publié sous ce nouveau titre.

FIN

OUVRAGES CITÉS

Récits de la dernière guerre franco-allemande. (Sarrazin, médecin en chef de l'ambulance de la 1re division du 1er corps d'armée.)

Journal d'un aumônier militaire. (Abbé de Meissas.)

La Guerre en province. (Charles de Freycinet.)

Relation historique et critique de la guerre franco-allemande 1870-1871. (F. Lecomte, colonel fédéral suisse.)

Récits militaires : 1re partie, *L'Invasion en* 1870 ; 2e partie, *Après Sedan.* (Général Ambert.)

Les Prisonniers français à Kalk et au Gremberg. (Abbé Deblaye.)

Souvenirs de la dernière invasion. (Max Guilin.)

Guerre des frontières du Rhin 1870-1871. (Rüstow, traduit par Savin de Larclauze.)

Documents inédits. (Abbé F. Theuré, curé de Loigny.)

Le Général de Sonis. (J. de la Faye.)

La Campagne des zouaves pontificaux en France, sous les ordres du général baron de Charette, 1870-1871. (M. S. Jacquemont, capitaine aux zouaves pontificaux.)

Wissembourg. (A. Veling, capitaine de chasseurs à pied.)

La Deuxième Armée de la Loire. (Général Chanzy.)

Campagne de l'Armée du Nord en 1870-1871. (Général L. Faidherbe.)

Les Responsabilités de l'année terrible, *Journal de la Campagne d'Italie* 1859. (Comte d'Hérisson.)

Souvenir de Solférino. (Henri Dunant.)

Récits de l'Invasion, Alsace et Lorraine. (Alf. Mézières, de l'Académie française.)

Stratégie et grande tactique, d'après l'expérience des dernières guerres, t. 2. (Général Pierron.)

Journal d'un sous-officier. (Amédée Delorme.)

Charges héroïques. (G. Bastard.)

Mémoires de chirurgie militaire, *Campagne du Rhin et d'Egypte* 1792-1797. (I. Larrey.)

Guerre franco-allemande de 1870-1871. (Etat-major prussien, traduit par E. Costa de Serda, de l'état-major français.)

TABLE DES MATIÈRES

Paris et Limoges. — Impr. milit. Henri CHARLES-LAVAUZELLE.

www.ingramcontent.com/pod-product-compliance
Lightning Source LLC
LaVergne TN
LVHW010327030726
842520LV00004B/1320